RAPPORTS OFFICIELS

SUR

LA PRISE ET LA DESTRUCTION

DE LA

FORTERESSE DE BOMARSUND

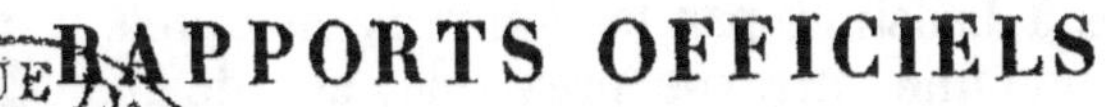

RAPPORT

Du général de division Baraguey d'Hilliers,

commandant en chef le corps expéditionnaire
de la Baltique.

Bomarsund, le 21 août 1854.

Monsieur le maréchal,

Les troupes du corps expéditionnaire embarquées
à Calais le 16 juillet et jours suivants devaient se
réunir au nord de l'île de Gothland. Par le seul fait
de la présence de toutes les forces navales dans la baie
de Ledsund, située à l'extrémité sud de l'île d'Aland,
il devenait difficile de cacher à l'ennemi le but que
l'on se proposait; mais il faut convenir aussi que ces
dispositions avaient l'avantage d'intercepter toute
communication entre Aland et Abo, et privaient la

N° 3.

place des secours que, sans cela, elle eût pu recevoir de la Finlande.

Le général en chef, prévenu de la réunion des flottes à Ledsund par les amiraux auxquels il avait demandé une entrevue préalable, afin de bien s'entendre sur le but de l'opération, s'y rendit également. Mais tous les transports n'avaient pas pu marcher avec une égale vitesse; *le Saint-Louis*, *le Tilsitt*, quelques frégates portant le matériel de l'armée et le personnel du génie et de l'artillerie, étaient en retard. Ces bâtiments rallièrent le 6 août. Dès le jour même et le lendemain 7, tous les navires chargés de troupes remontèrent dans la baie de Lumpar, au nord de laquelle est située la forteresse de Bomarsund.

Quelques jours avant, et de concert avec les amiraux Napier et Parseval, le général en chef avait reconnu les points les plus favorables au débarquement.

Si l'agglomération de la flotte dans la baie de Lumpar rendait bien difficile de tromper l'ennemi sur nos projets, elle ne lui indiquait pas cependant le point précis de la côte sur lequel nous voulions débarquer, et elle pouvait lui donner de vives appréhensions relativement à la retraite des troupes qu'il enverrait à notre rencontre.

L'île d'Aland est découpée, dans la direction nord et sud, par des bras de mer qui s'enfoncent dans les terres, et dans lesquels se jettent une foule de lacs qui, joints entre eux par des ruisseaux de déversement, permettent d'isoler presque entièrement quelques points de l'île. Ainsi, en partant de Bomarsund, cette forteresse, située sur le bord de la mer, a derrière elle un bras de mer et deux lacs ou marais qui en défendent les approches. A cette première enceinte ou défense naturelle, s'en joint une seconde d'un rayon plus étendu, qui prend à Castelhom, va de là à Siby, et se relie à la mer par une langue de terre de peu d'étendue et facile à garder.

Ne sachant pas si la population de l'île nous serait hostile, et voulant tout au moins concentrer le plus possible les hostilités dans un périmètre que nous pourrions toujours garder; voulant aussi empêcher la place de recevoir des renforts ou des secours du reste de l'île, le général en chef avait arrêté à l'avance de garder les trois points de Castelhom, Sounbou et Siby, qui seuls nous mettaient en rapport avec le reste de l'île.

Pour détourner l'attention de l'ennemi, il avait aussi, de concert avec les amiraux, déterminé trois points de débarquement.

Le premier, situé au nord, à la hauteur de Halta, devrait être occupé par le général Harry Jones, ayant sous ses ordres 900 hommes de troupes anglaises et 2,000 hommes d'infanterie de marine française;

Le deuxième, sur le versant oriental de la montagne, au sud de la baie de Tranvik;

Le troisième, au sud-ouest de cette même montagne.

Une fois débarqué à Halta, le général Harry Jones devait se porter sur le fort de Bomarsund, en occupant avec 2,000 hommes la langue de terre entre Siby et la mer, de manière à assurer ses derrières et à fermer toute issue aux partis qui voudraient sortir de la place. Arrivé près du lac de Perness, il se mettait en rapport avec les troupes françaises, qui, de Tranvik, repoussaient l'ennemi dans le fort.

A l'est de Tranvik débarquait le 12ᵉ bataillon de chasseurs à pied, qui occupa tout de suite les hauteurs au nord et au sud de ce village, ainsi que la jonction des routes qui, du même point, se dirige sur la communication postale de Castelhom à Bomarsund.

Le 2ᵉ régiment d'infanterie légère soutint le 12ᵉ bataillon de chasseurs.

Le 3ᵉ de ligne, débarqué dans la baie de Tranvik, dut remonter vers ce village et se porter en entier à l'embranchement des routes indiquées ci-dessus.

Le 48ᵉ devait occuper définitivement les points conquis par le 12ᵉ bataillon de chasseurs et le 2ᵉ léger et destinés à servir de camp retranché pour le débarquement de tout le personnel et du matériel de l'artillerie, du génie et de l'administration.

Le 51ᵉ, jeté au sud-ouest de la même montagne, devait rabattre sur l'intersection des routes, prendre l'ennemi à dos, s'il résistait sur la hauteur du sud, et se porter rapidement sur la route postale en avant de Castelhom.

Toutes les troupes étant à terre, et maîtresses des points qui leur étaient assignés, devaient se mettre en route au commandement du général en chef, et se diriger sur Nora et Sodra-Finby, en appuyant leur droite au bord de la mer. Arrivées à Finby, elles devaient se mettre immédiatement en communication avec le général Harry Jones.

Ces dispositions, arrêtées le 7 et communiquées, le même jour, aux officiers généraux et supérieurs, furent exécutées le 8, autant que le permit l'extrême difficulté du terrain, augmentée encore par la destruction de tous les ponceaux et par les nombreux abatis dont les Russes avaient couvert les routes.

Les troupes furent mises à terre à trois heures du matin ; à neuf heures, elles occupaient les premières positions indiquées ; vers onze heures, le 3ᵉ de ligne et le 51ᵉ se dirigèrent vers la route postale par deux chemins différents ; enfin, après bien des fatigues et des travaux, la route de Tranvik à Noza-Finby fut rendue praticable à l'artillerie. Alors tous les corps, moins le 48ᵉ régiment, se portèrent en avant, s'approchèrent de la place et en firent le complet investissement.

L'ennemi avait préparé des batteries et des redoutes que le feu de la marine le contraignit bientôt à abandonner.

La plage de Tranvik était trop éloignée et nos moyens de transport étaient trop insuffisants pour nous permettre d'y laisser nos parcs et nos approvisionnements de toute nature. Nous reconnûmes un point plus rapproché du camp où les marines française et anglaise s'empressèrent d'établir de nouveaux débarcadères.

Des compagnies, dont le nombre fut plus tard augmenté, furent chargées d'assurer fortement nos derrières.

Dès le lendemain de notre arrivée devant la place, le génie s'occupa de faire des fascines et des gabions.

Le général Niel, le lieutenant-colonel d'artillerie de Rochebouët reconnurent les points sur lesquels les premières batteries devaient être établies. Le général Harry Jones se renforça de 500 hommes tirés de l'infanterie de marine française, et reconnut aussi l'emplacement d'une batterie qui, de concert avec la nôtre, devait jouer sur la tour du sud.

Le lendemain, le colonel Ducrot, du 3ᵉ de ligne, qui, lors de l'investissement de la place, s'était trouvé au point le plus avancé, et connaissait déjà les lieux, fut encore chargé d'occuper ces positions avec son régiment. L'ennemi, toute la journée, tiraílla avec nos avant-postes et nous envoya beaucoup de boulets et d'obus qui ne nous firent que peu de mal.

Dans la nuit du 12, on ouvrit la tranchée au moyen de sacs à terre, et cette opération toujours si délicate nous coûta douze hommes tués ou blessés. Le lieutenant Nolfe, du 12ᵉ bataillon de chasseurs à pied, fut malheureusement des premiers. La tour nous couvrit de son feu, mais nos tirailleurs y répondirent avec tant de précision que les hommes sortis de la place furent bientôt obligés d'y chercher un refuge.

Le 13, à trois heures du matin, la batterie de quatre pièces de 16 et de quatre mortiers qui avait été armée dans la nuit, commença son feu. D'abord, et jusqu'à midi, la tour conserva sur nous de l'avantage ; mais, à partir de cette heure, son feu se ralentit ; les embrasures étaient à peu près détruites et les parements de la tour étaient disjoints ; beaucoup de bombes étaient tombées sur la toiture ; tout faisait donc espérer que, le lendemain, on pourrait lui donner l'assaut, lorsqu'à sept heures du soir elle arbora le drapeau blanc.

Toutefois, après une suspension d'armes d'une heure, pendant laquelle on ne put s'entendre, le feu recommença. Mais ces derniers efforts de l'ennemi durent céder bientôt à la foudroyante précision de notre tir ; la tour se tut de nouveau, et, le lendemain matin, deux officiers français, M. Gigot, sous-lieutenant au 12ᵉ bataillon de chasseurs à pied, et M. Gibon, sous-lieutenant de voltigeurs au 51ᵉ, suivis d'hommes déterminés, pénétrèrent résolûment dans l'ouvrage. Le commandant russe, en voulant repousser cette attaque imprévue, fut atteint de deux coups de baïonnette, et 32 Russes qui n'avaient pu s'échapper furent amenés prisonniers au quartier général.

La reddition de cette tour nous donnait l'espoir de réduire la forteresse sans que ce nouveau succès coûtât trop cher à nos troupes.

Dès le même jour nous poussâmes nos approches sur la droite, et nous nous mîmes en mesure de faire jouer, le lendemain, une batterie composée de quatre mortiers et de deux obusiers de 22 centimètres. Pendant que l'on construisait cette batterie, le génie reconnaissait l'emplacement de la batterie de brèche.

Le 15 août, à huit heures du matin, notre batterie de mortiers et d'obusiers jeta force projectiles creux dans la place, pendant que la flotte, embossée, envoyait aussi sur Bomarsund le feu de quatre vaisseaux. Le soir, le fort ne répondit plus que lentement ; toutefois, son feu ne s'éteignit pas complétement.

Le 15, à huit heures du matin, le général Harry Jones, qui n'avait pu concourir, par le jeu de son artillerie, à la prise de la tour du sud, et avait tourné ses efforts vers celle du nord, commença un feu très-vif sur ce point, et vers quatre heures il avait fait une large brèche à la tour qui, le même soir, capitula.

Dans la nuit, la batterie de brèche avait été établie à 380 mètres du corps de place, et l'on se préparait à l'armer la nuit suivante avec des pièces de 30, prêtées par la marine.

Nous ayant sous les yeux et, pour ainsi dire sous la main, l'ennemi nous lança des bombes et de la mitraille, et nous blessa 14 hommes. Notre feu ne se ralentit pas cependant, et nous voulions le continuer ainsi jusqu'au moment où aurait joué la batterie de brèche, lorsqu'à midi, l'ennemi, effrayé des ravages causés par notre artillerie, et reconnaissant que toute résistance devenait impossible, arbora le drapeau blanc. M. le colonel Gouyon, chef d'état-major de l'armée de terre, et les aides de camp des deux amiraux pénétrèrent ensemble dans le fort. Le colonel y fit entrer le colonel Suau, du 2e léger, qui était de tranchée avec un bataillon de son régiment et quelques compagnies du 12e bataillon de chasseurs à pied.

A la suite de la reddition de la place, un désordre grave surgit dans les rangs de la garnison russe ; les plus irrités voulaient faire sauter le fort; mais l'attitude de nos troupes leur en imposa; l'ordre se rétablit. La garnison prisonnière défila devant les troupes françaises et anglaises réunies et fut embarquée dans la soirée.

La place de Bomarsund, avec les trois tours qui en sont les avant-postes, renfermait une garnison de 2,400 hommes ; elle était armée de cent quatre-vingts pièces de canon et munie d'approvisionnements considérables.

L'intention de l'empereur de Russie était de faire de Bomarsund un immense camp retranché pour ses armées de terre et de mer, dont l'abord eût présenté de grands obstacles et qui eût été une constante menace pour les Etats riverains de la Baltique.

Depuis la prise de possession des îles d'Aland, la Russie n'a cessé de travailler à augmenter les fortifications de Bomarsund ; et si, par ce qui existe; ou qui était en cours d'exécution, on juge des projets de cette puissance, Bomarsund paraissait destiné à devenir la sentinelle avancée et le port principal de la Russie dans la Baltique.

La destruction de Bomarsund sera une perte considérable pour la Russie ; non moins sous le rapport matériel que sous le rapport moral. Nous avons détruit en huit jours le prestige attaché à ces remparts de granit, que le canon, disait-on, ne pouvait ébranler. Nous savons maintenant, à n'en pouvoir douter, que rien, dans ces fortifications si belles, si menaçantes, n'est à l'abri d'un feu bien dirigé.

Ce beau résultat, monsieur le maréchal, est dû à l'intelligence, au dévouement, au courage des officiers et soldats du corps expéditionnaire et des escadres alliées. Chacun a payé de sa personne ; le danger, les fatigues, les privations n'ont été comptés pour rien par ces soldats français qu'on est si glorieux de commander.

Si les troupes du corps expéditionnaire ont répondu à l'attente de la France et justifié la confiance que l'Empereur avait mise en elles, permettez-moi, monsieur le maréchal, de vous prier d'appeler la bienveillance de Sa Majesté sur les officiers, sous-officiers et soldats que je crois dignes d'obtenir une récompense et dont je vous transmets ci-joint la liste.

Si, après le général de division Niel qui a conduit les opérations du siége avec tant de hardiesse et d'habileté ; et les généraux d'Hugues et Grésy, qui m'ont parfaitement secondé ; après le lieutenant-colonel de Rochebouët, directeur de l'artillerie ; le colonel Gouyon, mon chef d'état-major ; le sous-intendant M. Le Cauchoix-Féraud, il me fallait encore citer tous les officiers et soldats sur lesquels je voudrais appeler l'attention de Sa Majesté, ma liste serait trop longue, et je comprends qu'il faut me borner dans mes demandes.

2,000 soldats d'infanterie de marine sous les ordres du colonel Fiéron, et deux compagnies d'artillerie sous le commandement du chef de bataillon Frébault, nous ont prêté un puissant secours.

Il me reste, monsieur le maréchal, à rendre un éclatant hommage au concours toujours si empressé que j'ai trouvé, non-seulement dans la flotte française, commandée par M. le vice-amiral Parseval, mais aussi par le vice-amiral Napier. Le général Harry Jones, en contribuant avec ses soldats de marine et ses sapeurs à l'attaque des tours de Bomarsund, nous a montré une fois de plus tout ce qu'on peut attendre de la bravoure et de la discipline des soldats anglais.

La cordialité la plus grande n'a cessé de régner non-seulement entre les officiers des deux flottes et ceux du corps expéditionnaire, mais encore entre les soldats et les matelots; c'était à qui affronterait le mieux le péril et supporterait le mieux les fatigues.

Recevez, monsieur le maréchal, l'assurance de ma haute et respectueuse considération.

Le général de division, commandant en chef,

BARAGUEY D'HILLIERS.

RAPPORT

Du général de division Niel,

commandant le génie du corps expéditionnaire de la Baltique.

Bomarsund, le 18 août 1854.

Monsieur le maréchal,

Au moment du débarquement du corps expéditionnaire, je me suis trouvé dans un pays très-accidenté, sans un seul plan qui me donnât avec quelque exactitude la position des ouvrages que nous allions attaquer. Les roches granitiques sur lesquelles reposent la forteresse de Bomarsund et les trois grandes tours qui la couvrent, sont tellement tourmentées, qu'à chaque pas, pour ainsi dire, leur aspect change complétement. J'ai dû, par conséquent, renoncer à faire faire une reconnaissance, qui d'ailleurs eût pris trop de temps, et, accompagné de cinq ou six soldats, qui ne pouvaient attirer l'attention des Russes, me glissant de rocher en rocher, d'arbre en arbre, j'ai étudié moi-même les passages par lesquels nos soldats pouvaient arriver à l'abri des feux de la place, ceux qui permettraient de traîner des pièces, enfin les points où nous pourrions établir des batteries.

Il m'a paru hors de doute que la tour du sud, qui domine le pays environnant et la place elle-même, devait être la première attaquée. Le colonel Rochebouët, commandant l'artillerie ; le général anglais Harry Jones, commandant le génie sur la flotte anglaise, ayant partagé cette opinion, nous avons, de concert, soumis au général en chef le projet d'attaque suivant, qu'il a adopté.

Les trois tours qui protégent les abords de la forteresse de Bomarsund sont construites avec beaucoup de soin ; leur diamètre est d'environ 30 mètres. Deux étages casematés, à l'épreuve de la bombe, sont percés chacun de 14 embrasures. Au-dessus des voûtes à l'épreuve se trouve une toiture en zinc, percée de lucarnes par lesquelles les tirailleurs finlandais, armés de carabines à tiges, pouvaient plonger au loin dans la campagne ; le parement extérieur de ces tours est comme celui de la forteresse, composé de blocs de granit, dont les joints, qui ont une forme pentagonale, donnent à la maçonnerie l'aspect d'une mosaïque. Il fut décidé qu'on ferait à 550 mètres, sur un emplacement que j'avais reconnu, une première batterie de quatre pièces de 16 et de quatre mortiers : l'objet de cette batterie était de rendre les approches moins meurtrières en abattant la toiture et égueulant les embrasures, et aussi de tâter le granit. Une seconde batterie de pièces de 32, de la marine anglaise, placée à 300 mètres, ou plus près, si on pouvait, devait essayer d'ouvrir la tour ; et pour assurer le succès, la même partie de la tour devait être battue par quatre pièces de 30 de la marine française placées à 129 ou 130 mètres du revêtement. En résumé, deux attaques concourant au même but devaient être conduites séparément par les officiers des deux nations ; mais on ne pouvait cheminer qu'au moyen de sacs à terre remplis au loin, et les pièces ne pouvaient être conduites que chargées sur des traîneaux à force de bras.

Dans la nuit du 11 au 12, les sapeurs construisent le masque de la batterie n° 1 ; l'artillerie se trouvant couverte des feux de la place, travaille tout le jour à cette batterie, qui doit être armée dans la nuit suivante. Cette batterie, dans laquelle les pièces sont à étage ou plutôt à ressauts, consomme plus de 15,000 sacs à terre. Dès que l'ennemi s'aperçoit du point sur lequel nous travaillons, il y dirige son feu : les abords deviennent dangereux. Pendant la nuit, nous relions les batteries par une gabionnade en sacs à terre et nous faisons une communication en arrière ; en même temps nous faisons un épaulement à 250 mètres plus loin pour y embusquer des chasseurs à pied, soutenir d'autres établissements projetés plus près de la tour, et relier notre gauche à un escarpement en rocher derrière lequel les troupes sont à l'abri des feux de la place, et qui nous sert de parallèle.

Convaincus qu'il faut à tout prix connaître l'effet de notre canon sur le granit dans les conditions à peu près les plus favorables, nous fixons l'emplacement de la batterie nº 3, à 140 mètres seulement de la tour ; elle sera armée de six pièces de 30, qui sont déjà rendues au dépôt de tranchée. On communique à cette batterie par un sentier que, à l'aide de branches de sapin, nous dérobons non aux coups, mais aux vues de l'ennemi.

La batterie de 16, nº 1, et la batterie de mortiers ouvrent leur feu à quatre heures et demie du matin ; dans les premières heures, les Russes font des coups d'embrasure très-heureux ; ils touchent et détériorent trois de nos pièces ; mais bientôt notre batterie, parfaitement servie, prend une grande supériorité. Les boulets se brisent contre le granit, mais ils ébranlent les blocs du parement, et on aperçoit, sur le soir, des fissures aux angles des embrasures. Les bombes paraissent troubler beaucoup les défenseurs : nos tirailleurs redoublent d'efforts ; tout le monde sent que la tour ne résistera pas à l'action de nos batteries. Aussi, à cinq heures environ, la tour cesse de répondre et hisse un pavillon blanc. Le commandant demande une suspension de feu pendant deux heures, pour prendre les ordres du gouverneur. J'accorde une heure et fais rendre compte au général en chef. Une heure après, le feu reprend de part et d'autre, et, la nuit venue, nous exécutons la batterie nº 3. Au point du jour, c'est-à-dire à une heure du matin, les défenseurs aperçoivent deux nouvelles batteries élevées contre eux : celle des Anglais et la nôtre. Cette vue augmente leur découragement ; la tour ne tire plus. Nos sapeurs et nos chasseurs s'élancent, escaladent le revêtement et prennent le commandant, deux officiers et une trentaine de soldats, seul reste de la garnison qui venait d'abandonner la tour. Nous occupons ce point, qui domine toutes les positions de Bomarsund, mais le feu de l'ennemi en rend la possession dangereuse. A nos bombes ont succédé celles des Russes, les maçonneries des voûtes menacent de s'écrouler en plusieurs endroits ; mais le principal ouvrage extérieur de Bomarsund est tombé et nous avons acquis la certitude que les pièces de 30 et de 24, placées à bonne distance, ouvriront les maçonneries de granit de la Baltique.

La prise de la tour du sud nous rend maîtres de presque toutes les positions qui dominent la place, mais la tour du nord prend des revers dangereux pour nous sur les terrains où les batteries contre la gorge de la forteresse devront être établies. Il est, en conséquence, convenu que les Anglais retourneront contre la tour du nord la batterie qu'ils ont élevée contre celle du sud ; que, pendant qu'ils battront cette tour, nous nous coulerons par la droite, en profitant des accidents de terrain, pour établir une puissante batterie de brèche contre la gorge de la forteresse ; et enfin que, après qu'ils auront pris la tour du nord, ils agiront de même de leur côté, notre but commun étant de démanteler le plus possible ce grand réduit qui contient plus de 2,000 hommes, et de démoraliser la garnison de manière à éviter un assaut qui serait très-meurtrier si les Russes étaient résolus à défendre une immense cour circulaire dont les feux convergeraient sur les assaillants.

La journée du 14 est employée à transporter tous nos moyens d'attaque, bouches à feu et sacs à terre, derrière des rochers et une grande caserne en construction qui nous protégent contre les feux de la place.

Pendant la nuit, nous débouchons de l'extrémité de cette caserne, et nous faisons un cheminement de 100 mètres qui nous conduit dans un pli de terrain d'où nous pouvons approcher de la place jusqu'à environ 400 mètres sans être vus. L'artillerie établit à 700 mètres à peu près, sur un point abrité des feux de l'ennemi, une batterie de quatre mortiers et deux obusiers de 22 centimètres : cette batterie ne cessera d'envoyer des projectiles creux dans la place jusqu'à la fin du siége.

Le 15 août, à sept heures du matin, la batterie de mortiers et d'obusiers ouvre son feu ; la place et la tour du nord nous envoient beaucoup de mitraille et de boulets ; mais les rochers nous abritent, et les chasseurs à pied, bien embusqués et couverts par des sacs à terre, tirent dans les embrasures et dans les lucarnes, d'où les tirailleurs finlandais nous envoient des balles très-plongeantes.

Plusieurs vaisseaux des deux flottes joignent leur feu à celui de nos mortiers et de nos obusiers ; deux de nos pièces de campagne (canons de 12 de l'Empereur) tirent aussi sur la place en changeant de position et se retirant après chaque coup. La canonade devient des plus vives ; le tir de la marine a, malgré la distance un peu grande d'où il s'effectue, une précision remarquable. Le *Léopard*, monté par l'amiral Chade, tire avec une pièce dont le boulet plein, de 120 livres, fait éclater le granit.

Les assiégés, qui se sont obstinés à envoyer des bombes sur la tour du sud, y allument et y entretiennent un incendie qu'on ne peut pas éteindre : on reconnaît qu'il y aurait grand danger à vouloir en retirer les poudres, attendu qu'on trouve partout sous ses pas des cartouches et des gargousses. On éloigne donc les troupes de cette tour, et bientôt les poudres ayant pris feu, la tour saute et est presque entièrement détruite par l'explosion.

Dans la soirée, la tour du nord se rend aux Anglais qui, avec leur batterie de 32, placée à 750 mètres, sont parvenus à ouvrir une brèche entre deux embrasures. Immédiatement, et de concert avec l'artillerie, nous choisissons l'emplacement d'une première batterie de brèche, de quatre pièces de 30, qui ouvrira la gorge du fort qu'elle plonge et voit jusqu'au pied à une distance de 400 mètres environ.

La nuit suivante, on entreprend à 380 mètres une seconde batterie qui sera armée des deux pièces de 30 et des deux obusiers de 22 actuellement à la batterie de mortiers. Pendant la nuit, les sapeurs et travailleurs d'infanterie construisent le masque de cette batterie avec deux rangs de gabions remplis de sacs à terre ; l'artillerie nous remplace et construit en toute hâte le coffre et les plates-formes de la batterie qui sera armée dans la nuit suivante.

Au point du jour, lorsque l'ennemi aperçoit cette batterie, il y dirige tous ses feux : il blesse une dizaine d'hommes en arrière ; mais ses boulets, tirés de bas en haut, ne peuvent pas traverser le parapet : le feu de la batterie de mortiers et d'obusiers continue toujours.

Pendant la nuit, la marine a occupé l'île de Presto, de sorte que l'ennemi est maintenant enveloppé de toutes parts. Les feux se succèdent sans interruption.

A midi, la forteresse de Bomarsund hisse le pavillon blanc ; le général Bodisko, qui en est le gouverneur, voyant que toute résistance est inutile, se rend sans conditions. La garnison a été surtout impressionnée par la batterie de brèche qui a été élevée si rapidement, pendant la nuit précédente, contre la gorge du fort.

Le nombre des prisonniers qui ont défilé devant les troupes assiégeantes, joint aux blessés que nous avons trouvés dans la forteresse, est de 2,400. Le réduit avait 139 pièces d'artillerie, y compris 4 pièces de campagne prêtes à être attelées, et 3 mortiers ; à cela il faut ajouter 46 pièces en batterie dans les tours, et un grand approvisionnement de poudre, de projectiles, d'armes, d'outils, etc.

L'empereur de Russie projetait à Bomarsund un vaste établissement militaire. Vous verrez, par le plan que je joins à ma lettre, que les travaux terminés ne sont pas la cinquième partie de ceux qui étaient en cours d'exécution.

Tous les parements sont faits en gros blocs de granit pris sur les lieux ; d'un peu loin le boulet se brise sur ce parement, mais il finit cependant par ébranler les blocs et par les rompre. Les résultats obtenus par le canon de 16, à 550 mètres, et par celui de **32** à **750**, ne permettent pas de douter qu'à de plus petites distances on fera facilement brèche dans tous les murs de cette espèce.

La rapidité des attaques et leur succès sont dus, en grande partie, à l'emploi des sacs à terre, dont on a profité pour remplacer les cheminements ordinaires qui étaient impossibles ; tandis qu'au moyen de gabions, placés sur deux rangs, remplis et surmontés de sacs à terre, on a établi les batteries avec une rapidité qui a déconcerté l'ennemi. Il ne pouvait prévoir le point où elles devaient être élevées ; et lorsqu'au jour il les apercevait, elles étaient déjà à l'abri de ses coups.

Je dois vous dire, monsieur le maréchal, que personne ne s'est épargné ; j'ai été parfaitement secondé par le colonel d'artillerie Rochebouët, officier plein d'intelligence, d'activité et de dévouement, qui, comme moi, a passé bien des heures de nuit et de jour à se glisser dans les broussailles et les rochers. C'est ainsi que nous avons trouvé les directions à suivre pour approcher la place sans trop exposer la vie des soldats. Le lieutenant-colonel Jourjon est un officier du génie des plus complets.

Si j'ai un peu confondu dans ce rapport écrit à la hâte les services de l'artillerie et du génie, c'est qu'ils ont été réellement confondus dans l'exécution : nous avons toujours marché en parfait accord.

J'ai eu beaucoup à me louer de mes rapports avec M. le général Harry Jones, qui commande le génie sur la flotte anglaise et qui dirigeait les attaques de gauche. C'est un officier des plus distingués ; nous avons toujours eu la même manière de voir tant sur la direction qui devait être donnée aux attaques que sur les moyens d'exécution.

Agréez, monsieur le maréchal, l'hommage de mon respectueux dévouement.

Le général de division commandant le génie,

Niel.

RAPPORT

De M. le vice-amiral Parseval-Deschesnes,

commandant en chef l'escadre de la Baltique.

Lumpar, 21 août 1854.

Monsieur le ministre,

Après avoir salué de nos chaleureuses et cordiales acclamations l'arrivée du corps expéditionnaire, et m'être fait l'interprète fidèle des sentiments de l'escadre pour ses frères de l'armée dans mon ordre du jour du 30 juillet, je m'empressai d'accompagner le général Baraguey d'Hilliers dans sa reconnaissance de Bomarsund, dont j'avais déjà visité les approches, afin d'y conduire nos vaisseaux, d'y resserrer le blocus et d'y préparer les voies de l'armée.

A notre retour à Ledsund, lorsque le général en chef m'eut fait connaître ses projets, commença pour nos équipages le mouvement sans repos ni trêve, à grande distance et dans des conditions exceptionnelles de navigation, du remorquage des transports, du transbordement du matériel, des vivres et, enfin, des troupes, mouvement indispensable pour assurer l'ordre et la rapidité au moment de l'action.

Ces sortes d'expéditions ont déjà fait trop d'honneur à la marine, monsieur le ministre, pour que Votre Excellence n'apprécie pas aussi bien que moi tout l'entrain énergique et l'infatigable dévouement par lesquels nos marins savent s'y faire une part d'autant plus méritoire qu'elle est moins en relief.

Le 8 août, les troupes débarquèrent sous la protection toute de prévoyance des vaisseaux *le Duperré* et l'*Edimbourg*.

Cette opération accomplie sans difficulté, nous procédâmes à la mise à terre du matériel de siége, de campement et des vivres.

Une marche rapide, sans résistance, ayant promptement rapproché l'armée de la place, un nouveau débarcadère fut construit par nos soins, et des relations plus faciles et plus promptes s'établirent entre le quartier général et l'escadre.

Quatre vaisseaux français et quatre anglais, ainsi que les vapeurs les plus fortement armés des deux escadres, se disposaient à prendre part à l'attaque de la forteresse, cherchant nuit et jour, sous le feu des tirailleurs russes, la sonde à la main, dans leurs embarcations, les fonds qui en permettraient l'approche.

Les habiles travaux du génie militaire avaient marché rapidement ; la tour qui couvre Bemarsund au sud-ouest s'était vue détruite par l'artillerie française ; une tour semblable au nord était tombée sous les coups d'une batterie anglaise de gros calibre ; les lignes d'investissement de la place s'étaient resserrées, de nouvelles batteries allaient s'établir pour battre en brèche la forteresse ; le moment nous sembla venu, à l'amiral Napier et à moi, de faire une puissante diversion, et d'occuper l'artillerie du fort qui incommodait les travailleurs de l'armée.

Nous dirigeâmes le feu de nos plus forts calibres sur les murailles de granit de la forteresse de Bomarsund, et nous ne tardâmes pas à être agréablement surpris des effets de ce tir à grande portée. Par une heureuse coïncidence, monsieur le ministre, nos vaisseaux, pavoisés pour la solennité du 15 août, saluaient la fête de l'Empereur d'une manière inaccoutumée.

Je me rendis successivement à bord de tous les bâtiments engagés au feu, et j'eus la satisfaction de constater partout l'adresse et le sang-froid de nos bons et braves canonniers ; ils tiraient aux embrasures à boulets pleins, sur la toiture et dans la cour intérieure à obus.

Les dégâts ne tardèrent pas à se manifester de toutes parts ; le feu de l'ennemi s'était visiblement ralenti ; et, dès ce moment, le résultat décisif d'une attaque plus rapprochée de la part des vaisseaux ne fut plus douteux pour moi.

Il avait été convenu avec le général commandant

en chef que, lorsque la batterie de brèche, qui devait être achevée le 17, ouvrirait son feu, nous commencerions le nôtre à plus courte distance. Veuillez croire, monsieur le ministre, qu'il est plus facile de conduire à l'ennemi de bons vaisseaux et de braves gens que de les contenir et de modérer leur impatience.

Ce fut alors, dans la nuit du 15 au 16 août, que, pour achever l'investissement de la place et ôter à l'ennemi sa dernière chance de retraite, je fis occuper l'île de Presto par un détachement de 500 hommes d'infanterie de marine, 180 soldats de marine anglais, mis à ma disposition par l'amiral Napier, et quatre compagnies de débarquement des vaisseaux dirigées par M. le capitaine de frégate Lantheaume, second de *la Zenobie*, sous le commandement supérieur de M. le lieutenant-colonel d'infanterie de marine de Vassoigne.

Cette occupation résolûment conduite, et l'attaque de la tour de Presto, troisième et dernière sentinelle avancée de Bomarsund, produisirent sur la garnison plus d'effet peut-être que je ne m'en étais promis, et provoquèrent en partie, nous n'en saurions douter, les premiers symptômes de découragement qui se traduisirent, dans la journée du 16, par la reddition de la place, après quelques coups de canon de la rade.

A la vue du pavillon parlementaire, je compris que les intentions de l'Empereur étaient accomplies dans les plus heureuses conditions : *peu de sang versé pour un grand résultat.*

Dès que nous avions aperçu distinctement le pavillon blanc flotter du côté de la rade, sur la toiture déchirée de la forteresse, mon aide de camp, M. le capitaine de frégate de Surville, et un capitaine de vaisseau anglais envoyé par l'amiral Napier, s'étaient rendus à terre pour recevoir, s'il y avait lieu, la capitulation du gouverneur. Quand ces officiers y pénétrèrent, non sans danger, il y avait encore lutte intérieure dans les rangs de la garnison, et ce ne fut qu'après quelques pourparlers, mêlés de coups de fusil, que la reddition fut déclarée et acceptée sans condition.

Quelques minutes plus tard, l'amiral Napier et moi, accompagnés des officiers de notre état-major, nous nous rencontrions dans le fort, où le commandant en chef de l'armée étant survenu, nous le laissâmes procéder à la prise de possession, et nous retournâmes à nos vaisseaux.

Depuis lors, monsieur le ministre, j'ai pu examiner avec soin les travaux exécutés, commencés ou projetés suivant un tracé très-apparent, évidemment destinés à faire de Bomarsund une place de guerre de grande importance.

La situation géographique d'Aland, son magnifique port, dont l'accès difficile augmente encore la valeur, tout permet de deviner la pensée de l'empereur de Russie de créer à Bomarsund un vaste établissement naval à cheval sur les deux golfes de Bothnie et de Finlande, menaçant la Suède et commandant la Baltique, dans des conditions bien supérieures à celles où se trouvent Cronstadt et Sweaborg.

La prise et la destruction de Bomarsund, dont les magnifiques travaux avaient déjà coûté tant de temps et de millions, acquièrent donc à mes yeux une importance bien au-dessus des sacrifices qu'elles ont demandés aux puissances alliées. Ce sera, je n'en doute pas, un rude coup porté dans la Baltique à l'influence de la Russie.

Nos canonniers ont prouvé que le granit de Finlande n'était pas complétement à l'épreuve de leurs boulets ; les forteresses de Cronstadt et de Sweaborg, rendues plus accessibles, ne seront plus ni aussi sûres, ni aussi inébranlables.

Qu'il me soit permis, en finissant, d'appeler sur les braves équipages que je suis si fier et si heureux de commander, la bienveillante justice de Votre Excellence.

Vous savez mieux que personne, monsieur le ministre, ce qu'a dû faire et ce qu'a fait, depuis son armement, l'escadre de la Baltique. Je ne crois être que juste envers ces vaisseaux en assurant que l'Empereur et la France ont une belle et bonne escadre de plus.

J'ai l'honneur de transmettre à Votre Excellence les demandes et propositions en faveur des officiers, sous-officiers et marins, que je me suis empressé de recueillir dans le très-grand embarras du choix.

Je suis avec un profond respect, monsieur le ministre, votre très-obéissant serviteur,

Le vice-amiral, sénateur, comman-
dant en chef l'escadre impériale
de la Baltique,

Parseval.

———

Paris. — Typographie PANCKOUCKE, rue des Poitevins, 8 et 14.